前言

青春期是继婴儿期后，人生第二个生长发育的高峰期。与婴儿期截然相反的是，青春期的孩子往往会做出"推开"父母的姿态，让父母感觉不再被需要。但事实上，这个时期的孩子比以往任何一个阶段都更需要来自父母的支持。这种支持包括耐心的倾听、无条件的接纳、充分的理解、足够的信任、适时的放手和适度的管控，等等。

青春期对每个孩子来讲就像一场负重的奔跑，时间长达8~10年。青春期早期一般始于小学五六年级，以第二性征的出现为标志。这一时期，孩子在心理上需要承担接纳自己的外貌、身体变化以及性感觉的出现等发展任务，同时还需要学习控制性冲动和处理两性关系。因此，青春期早期是一个问题频发的时期，那些令家长和老师头疼的问题，如脾气暴躁、爱打扮、早恋、网瘾都与青春期早期的性发展有着千丝万缕的联系。

性教育，作为青春期家庭教育最重要的组成部分之一，对于生命的成长有着非凡的意义。积极正面的性教育可以让孩子更加开朗、自信，勇于面对挫折，懂得规划人生，大大提升孩子的情绪管理能力、专注力和责任意识。

性教育的本质不仅在于知识的传授，还在于态度的传递。好的亲子关系和父母对性的正确态度是家庭性教育成功的关键所在。本书旨在为父母提供青春期早期性教育的基本理念和思维方式，愿它能陪伴您和您的孩子快乐、平安地度过青春期。

目 录

1. 如何开口 1
青春期是孩子成长的"窗口期",如何跟孩子谈论性?

2. 身体发育 5
当第二性征出现,如何同青春期的孩子谈论身体发育?

3. 自慰 12
如何看待青春期孩子的自慰行为?

4. 男女生交往 16
如何正确引导孩子进行男女生间交往?

5. 同性恋 21
如何判断孩子是否存在同性恋倾向?

6. 防性侵 24
如何教育孩子免受性侵?

7. 色情品 29
如何引导孩子学习科学的性知识,避免沉迷色情?

8. 网 瘾 33
如何正确引导孩子戒除网瘾?

9. 特殊家庭的性教育 37
特殊家庭如何给予孩子完善的性教育?

PART 1 如何开口

青春期是孩子成长的"窗口期",在这个时期和孩子讨论与性相关的话题是父母的职责之一。一些家长认为,"跟孩子谈论性"就等于在"鼓励孩子尝试性行为"。事实上,适时对孩子进行正确的性教育能有效推迟初次性行为的时间。在生活中能抓住机会,主动和孩子讨论与性相关话题的家长更有机会了解孩子真实的想法,帮助孩子解答困惑。例如,孩子(无论男女)对妈妈用过的卫生巾产生好奇时,可以告知孩子女性的月经周期是怎么回事;女孩月经初潮,男孩首次遗精发生时,家长可以为孩子举办一个简单的庆祝仪式,祝贺孩子长大了,告诉孩子从此他们开始拥有了生育的能力,会有新的身体感受;告诉孩子性行为可能带来意想不到的后果,比如怀孕、传播疾病、无法自拔的情感依恋等;当孩子经历特别的情感体验时,比如有异性同学送他(她)礼物、送他(她)回家、约他(她)单独出去等,可以与孩子分享自己青春期的情感经历,告诉他(她)单独跟异性相处的注意事项。

父母可以主动创造与孩子谈论性话题的机会,比如利用明星代孕等新闻热点跟孩子讨论怀孕、生育是怎么回事,生育一个孩子意味着什么,父母应该对孩子负有哪些责任等。还可以主动给青春期的孩子一些穿衣打扮方面的建议，告诉他（她）在外貌上注重修饰是对自己和他人的尊重，渴望获得别人的喜爱是人类的正常情感。对于青春期的孩子，家长要及时肯定他们在各方面想要变得更好、更有魅力的努力，同时要提醒他们在外貌和修养两方面提升自己。

性教育路上的那些坑，你避开了吗？

入坑姿势1："跟孩子谈论性"很尴尬，或者完全没有必要。当孩子提到关于性的话题或产生疑问时，立刻制止、搪塞或转移话题。发现孩子在看与性相关的书籍、图片或视频资料的时候，认为孩子犯了严重的错误，严厉禁止这种行为甚至批评、羞辱孩子。

出坑指南：理解孩子在该阶段对与性相关话题和行为的好奇心理，可以与之开诚布公地探讨，且把这种讨论当成一次与孩子建立更亲密的亲子关系的好机会。

"孩子，你长大了，你的身体开始有了新的感受，可能有点陌生，但这是自然和正常的。"

"谢谢你的信任，愿意跟我讨论你的感受和想法。"

"孩子，我发现你在寻找方法去探索你不熟悉的人体知识和身体感觉，愿意跟我说说你的困惑吗？我在成长过程中，也探索过。如果我不能给你满意的答案，我愿意跟你一起去找答案。"

入坑姿势2：家长为了保持在孩子眼中的权威形象和正派作风，从来不在孩子面前与自己的配偶有身体接触。看到电视或其他媒体信息中有裸露身体、接吻或其他情色内容时，刻意回避或惊慌失措地告知孩子不能看。

出坑指南：通过生活中与伴侣自然相处的方式（如夫妻牵手、重逢后拥抱、逛街时挽着手臂等），向孩子展示亲密关系双方该如何相处。社会能够接纳的一般身体接触，无须刻意回避孩子，但也不必刻意做出社会情境下不被接受的过度亲密动作。和孩子一起看到电视中的"亲热镜头"时，面对孩子的好奇，可以跟他（她）讨论这样的亲密动作可以发生在什么人之间，哪些是身体的隐私部位，不可以随便观看和触摸。

【迷你案例】

初一女孩小月在电视剧中看到漂亮的女主角受到好几个男性角色的喜爱，还跟男主角发生了亲密的接触，便心生向往，并模仿女主角的穿着打扮，要求妈妈给自己买女主角同款发饰，妈妈却因此认为女儿不把心思放在学习上，母女吵了一架。小月自己攒零花钱偷偷买了不少小饰品，藏在妈妈看不到的地方。

这位母亲的担心是有道理的，但她忽视了青春期女孩爱打扮的积极意义。如果妈妈接受女儿希望变美、渴望得到异性关注的愿望，并且在合理的范围内满足女儿的需要,然后逐步教育孩子美需要内外兼修,外在打扮固然重要,知识的丰富、修养的提升、内心的丰盈更加重要,那么,母女关系就不会僵化,孩子也能得到更好的引导。

【推荐影视作品】

印度电影《摔跤吧!爸爸》——推荐父母与孩子一同观看

日本电影《小偷家族》——推荐父母与孩子一同观看

PART 2 身体发育

当你的孩子开始出现第二性征（如女孩的乳房开始发育，男孩的生殖器开始变大，出现喉结、变声等生理变化），就意味着他们进入了青春期。青春期的来临意味着孩子将进入自出生以来身体、心理和情感上发展最迅猛的成长阶段。

有些父母认为，青春期的身体发育是每个人都要经历的平常事，不需要拿出来和孩子谈论，也不知道该如何谈论。实际上，青春期的发育要经历8~10年，在这段漫长的时间里，很多孩子需要忍受身体变化所带来的焦虑和失控。他们时常不知道自己是否正常，担心自己的个子不够高。女孩会担心乳房太大或者太小，男孩会担心自己的阴茎不够长。此时如果没有父母的理解和帮助，孩子会孤独无助地面对青春期身体发育带来的变化，承受很大的心理压力。

性教育路上的那些坑，你避开了吗？

入坑姿势：不必让孩子了解异性身体发育的相关知识。

出坑指南：让孩子了解异性的身体发育非常重要，这不仅可以满足孩子对异性身体的好奇心，也为两性的相互尊重和理解奠定了基础。不少青春期孩子因为对异性身体的好奇得不到满足而研究色情图片和视频。

"女孩因来月经弄脏了裤子遭到男孩的嘲笑""男孩因为遗精弄湿床单怕被父母批评"这类让老师和家长头痛的问题都能够通过科学的性教育来解决。男孩了解女孩在青春期会经历什么，女孩了解男孩的身体发育变化，可以让孩子变得更阳光、自信。

【常见问题】

1. 如何和孩子谈发育？

注意观察孩子的身体变化，爸爸可以制造机会带儿子一起游泳或洗澡，以便观察孩子的身体变化。当发现儿子的阴茎开始增大时，就应该找机会和孩子聊聊男孩发育相关话题，告诉他即将面临的身体变化，如他的阴茎和睾丸将会逐渐增大，会长出胡须、腋毛、喉结，声音会改变，会出现遗精，等等。重要的是要告诉孩子，这些变化可能会让他感觉有些不适应，爸爸随时都等待着他和自己分享成长的感受。

遗精是男孩子性成熟的标志，对于没有被提前告知的男孩而言，这可能是件令他恐慌的事情。对于这种情况，父母可以提前跟孩子做一个比较科学、完整的解释：随着男生生殖系统的逐步发育成熟，睾丸开始分泌雄性激素。在激素的作用下，前列腺和阴囊就会分泌精液，精液越积越多，便会在睡眠过程中完成射精。这个过程简单来讲，就像往杯子中倒水一样，水满了自然也就溢出来了，这就是常说的"精满自溢"，它是每一个健康的男孩子都要经历的最正常不过的生理现象。聪明的爸爸可以和儿子分享自己青春期的感受，告诉儿子如果早上醒来发现床单被弄脏时不必惊慌，这是每个正在长大的男孩都可能会经历的事情。你只需要把脏床单放到洗衣机里，或自己手洗解决。同时父母可以找机会告诉孩子：进入青春期后你可能做性梦，但这只是梦而已，我们只需要为自己的行为负责任，不必为自己梦见了什么而羞耻。

同样，当妈妈发现女儿的乳房开始发育时，就需要和她多多交流，为女儿来月经做好准备。可以告诉女儿，女性的内生殖器形状很像一个漏斗，最上面有一对分开的卵巢，中间是子宫，底部是阴道，其中子宫和阴道是直接相连的，而连接卵巢和子宫的叫作输卵管。卵巢顾名思义就是卵子的家。每个月通常会有一个卵子在卵巢中发育成熟，经过输卵管滑进子宫，并在这里等精子。如果它一直没有等来精子，随着子宫内膜在激素的影响下越变越厚，最终卵子会凋亡，一直升高的激素水平也会突然下降，这些充满毛细血管的子宫内膜也会跟着坏死，凋亡的卵子和坏死成碎片的子宫内膜一起脱落出来，就形成了月经。月经一点也不脏，更不是疾病。来月经是女性性成熟的标志，是值得庆祝的事情。由于一些落后的观念,在有些地区,人们会对月经持有一些负面的看法,父母有责任消除女孩对于月经的羞耻感和传统文化中对于月经不洁的看法。女儿第一次来月经的那天,可以当作一个值得庆祝的日子,举办一些仪式庆祝她已经长大了。妈妈可以跟女儿分享自己第一次来月经时的亲身经历,告诉她当时的自己是如何做好处理的,并告知女儿经期应当如何护理身体:不喝冷水或吃冷饮,更换卫生巾前清洁双手,勤换卫生巾,每晚清洗外阴,避免盆浴,以免感染。

父母可以送一本青春期的书给孩子或者推荐孩子观看一些青春期教育视频,并准备好随时回答孩子提出的相关问题。

2.孩子不满意自己的形象,家长该怎么引导?

孩子在青春期所面临的重要任务之一就是"自我同一性"的发展,也就是在"现实自我"和"理想自我"中寻找平衡。许多孩子进入青春期后开始特别注意自己的外形,希望自己的外形得到同伴的认同,当"期望中的自己"与"现实中的自己"存在一定的差距时,极易陷入自卑,甚至对自己产生不接纳的心理。此时,父母要理解孩子的心理,在生活中及时给予孩子更多的肯定和鼓励,让他们逐渐明白"美"的真正内涵,懂得修饰外表固然重要,但一个人美好的品德和才华才是最终吸引和影响他人的主要因素。

3. 如何面对同伴压力？

发育过早或过晚的孩子常常会感受到一些来自同伴的压力。例如，早发育的女孩看起来更成熟，乳房早早发育的她们可能会被同学嘲笑，因而产生自卑感；晚发育的男孩子通常因为自己的身高不理想而感到自卑，也可能会受到同伴的欺负。当孩子因为身体发育过早或过晚而受到同伴的嘲笑时，父母的开导显得格外重要。此时父母如果能跟孩子一起讨论青春期身体的发育变化规律，不仅能帮助孩子缓解来自同伴的压力，也可以让孩子更容易接纳自己。

有时候，我们可以找一个跟孩子有同样经历的成人，请他（她）跟孩子谈谈自己青春期成长的心路历程。或者鼓励孩子发展适合自己的兴趣爱好，从兴趣爱好中获得成就感。告诉孩子："他人的认同固然重要，自我肯定更重要，这才是一个人的内在价值。"

认识自己是一件困难但有成就感的事情，如何帮助孩子正确地认识自我、接纳自我、发展自我，是父母在养育孩子的过程中需要重点关注的事情之一。

4. 如何判断性早熟？

大多数时候早发育者不需要医学上的特别关注，但是如果出现以下情况，父母要带孩子及早寻求医疗干预。

男孩： 9岁前出现第二性征发育，表现为睾丸增大、阴茎增长增粗、身高突增、阴毛生长。

女孩： 8岁前出现第二性征发育，表现为乳房发育、身高突增、阴毛生长、10岁前月经初潮。

女孩青春期发育进程参考表>

年 龄	发育情况
9~10岁	乳房开始发育
10~11岁	乳房发育、阴毛开始生长
11~12岁	内外生殖器发育、乳房进一步发育、阴毛增多
12~13岁	乳头色素沉淀、月经初潮
13~15岁	开始排卵
15~17岁	骨骼逐渐停止发育

男孩青春期发育进程参考表>

年 龄	发育情况
10~11岁	睾丸开始发育
11~12岁	阴囊发育、阴茎发育
12~13岁	前列腺发育、阴毛生长
13~14岁	睾丸、阴茎迅速发育，乳腺组织发育
14~16岁	腋毛、痤疮、变声、初次遗精
16~18岁	骨骼逐渐停止发育

身体发育

5. 如何预防性早熟？

- 少吃油炸、膨化食品，不吃反季蔬菜、水果，不盲目吃保健品，避免摄入外源性激素。
- 日常饮食应荤素搭配、均衡营养。
- 避免孩子接触超越其心理年龄的书刊、影视作品。

【迷你案例】

六年级班主任宋老师发现，最近他们班级的男生小刚下课后总是一个人默默地坐在座位上，不愿意离开教室，甚至不上厕所。课间也会有一些男生对小刚指指点点，小刚似乎知道他们在说什么，因此趴在桌子上故意不看他们。而且近一个月来，小刚上课经常会走神。宋老师感到很疑惑，经过一番调查发现，男生们课后经常相约一起上厕所，在撒尿的时候比较自己与别人的阴茎大小。他们通过比较得出小刚同学的阴茎最短小，因而经常在背后嘲笑他。

对于青春期的男孩来说，阴茎的大小是他们最关注的问题之一。父母应该让孩子知道成年男性的阴茎也是有长短之分的，但是，阴茎在疲软的时候大小与勃起后的大小没有特别大的关联。美国科学家早在40多年前就做过实验，邀请了80位成年男性志愿者，测量他们的阴茎在疲软时和勃起时的长度。发现阴茎在疲软时长度差40%的男性在勃起后阴茎的长度差非常微小。世界著名性学研究室所做的实验也表明，阴茎的大小和性能力没有显著关联。

PART 3 自 慰

现代社会，孩子的生理发育不断提前，但拥有稳定的性伴侣或婚姻的年龄却因为漫长的职业准备期而推迟了。当今社会，孩子们的青春期变得越来越漫长，与此同时，生活中引发性冲动的媒介越来越多，如广告、电视、网络。相关数据显示，孩子的生理发育时间逐年提前，而社会生活中又有大量显性或隐性的引发性冲动的信息。如果青春期孩子的性冲动得不到缓解，将会引发很多问题，如学习专注力下降，甚至可能导致性犯罪。

自慰是一些孩子缓解性冲动的方式之一，家长要学会正视并接纳青春期孩子的自慰行为。事实上，孩子的性感觉发育是一个长期的过程。科学研究表明，孩子早在幼年时期（性器期，一般是3岁左右）就有了通过摩擦生殖器获得快感的行为，这种行为科学上也被称为自慰。这种快感和成年人的性快感有很大的差距。自慰可以存在于生命的任何一个阶段，就像性是一个伴随我们一生的命题。建议家长站在孩子的立场上客观对待自慰，不要将其视为洪水猛兽。同时，可以引导孩子用其他方式（如运动、培养兴趣爱好等）缓解自己的性冲动，为孩子找到合适的渠道释放充沛的精力。

让孩子明白自慰是一种自己让自己获得性满足

的方式，在卫生、安全和适度的前提下，没有不利影响。但如果因为不注意卫生而引发感染、使用某些不合适的工具伤害到身体器官、过度频繁而导致精神涣散甚至上瘾时，必须立刻调整自己的行为。孩子可能会纠结怎样才是适度这个问题，这其实没有标准的答案，只要不影响自己第二天的生活和学习，没有让自己昏昏沉沉且沉迷其中就好。

另外，告诉孩子自慰也是性行为的一种，在文明社会，性一定是一种私密的行为，要注意回避他人，不能公开表演。

作为家长，需要把握两大原则：

1. 对于没有这个习惯的孩子，绝不鼓励这个行为，而应引导孩子通过发展艺术、体育等兴趣爱好来弱化自己的性冲动。

2. 对于有自慰行为的孩子，父母要关注孩子是否有关注淫秽信息的习惯。如果有，要及时告诉孩子这类图片或影片夸大了性带给人的愉悦感，与真实生活并不相符（详见第7部分《色情品》）。同时，父母更要多陪伴孩子，鼓励孩子参与感兴趣的、有现实社交意义的活动，从积极的角度引导孩子转移注意力。不要用羞辱、恐吓、威胁等方式改变孩子的行为。

性教育路上的那些坑，你避开了吗？

入坑姿势1："一滴精十滴血"，认为男孩子自慰严重影响健康。

出坑指南： 这种说法没有科学依据。事实上，精液中80%以上是水，仅含有少量蛋白质和微量元素。但是过于频繁地自慰，会使身体长久地处于兴奋状态从而消耗大量精力，不仅会让人头脑昏沉、注意力涣散，还可能会引起焦虑、自责和羞耻感。同时，过度频繁自慰可能引发男生的前列腺炎，女生也可能因为不卫生的自慰将病原体带入阴道，造成感染。

入坑姿势2： 男孩子自慰比较正常，女孩子自慰不可救药。

出坑指南： 到了青春期，女孩和男孩一样会产生性冲动，有性的愿望和需要。女生自慰同样需要被接纳。

【迷你案例1】

14岁的小杰听到班级里同学们在谈论"撸管"，当晚就按照同学的介绍尝试了一下，但因为弄脏了床单而被妈妈发现。妈妈找他当面对质，他说出了自己的行为并表示同学们都在做。妈妈十分生气，为防止儿子"自慰成瘾"，把床搬进了小杰的房间，监视儿子，看他晚上是否在踏踏实实睡觉。

这位妈妈不必如此大动干戈，而应该坦诚地与孩子交流自慰及其注意事项。高明的做法是借助爸爸或其他男性亲属的力量，与儿子聊聊自己当年是如何排解性冲动的。同时，为孩子安排更多的课外活动，丰富他的生活，拓展他的兴趣。

【迷你案例2】

13岁的小妍看到影视作品中女主角自慰就开始模仿，获得了令人兴奋的性体验。但她知道母亲的思想非常传统、保守，认为妈妈一定会觉得自己的行为下流可耻。因此，每次自慰之后她都非常自责，每周都告诉自己这星期绝对不可以了，但又常常忍不住，一直生活在纠结和矛盾中。

孩子到了青春期，父母要努力打造与孩子平等交流的形象，营造更加轻松、民主的家庭氛围，不要让孩子觉得自己的行为一定不会被接受，否则孩子可能会为守住秘密而消耗大量精力，与父母渐行渐远。父母也因此丧失很多教育孩子的机会。

【推荐影视作品】

- 新浪一分钟性教育——《自慰（男生版）：撸管联盟》
- 新浪一分钟性教育——《自慰（女生版）：你听说过紫薇吗》

PART 4 男女生交往

进入青春期，孩子的情感支持对象逐渐从"家长"转为"同龄人"。大多数青春期孩子都会对异性产生好感，对象可能是同学、朋友、网友，也可能是影视明星、体育明星等。有些孩子会陷入"单相思"，还有一些孩子会勇敢地"表白"。如果得到了对方的积极回应，他们还可能开始所谓的"交往"。青春期的孩子开始交往后通常形影不离，但是他们的交往常常难以持久。

从情感发展的角度看，青春期的"爱情"往往会带给孩子爱与被爱、幸福与痛苦等强烈的情感体验，从而使孩子的情感发展得更加丰富和成熟，但同时也可能让他们沉溺其中，影响正常的学习、生活。多数父母在这个时候会陷入焦虑。但是我们需要知道，这是很多孩子成长过程中都会遇到的情况，是孩子身心发育的自然产物。所以我们要尽可能放下焦虑，观察孩子，学习适时引导。其实，青春期也是培养孩子的责任感，提升其与异性交往、自我管理、承受失败等能力的契机。青春期的"爱情"如果能得到正确的引导，将会帮孩子树立良好的责任意识，为未来的恋爱和婚姻积累经验。

性教育路上的那些坑，你避开了吗？

入坑姿势1： 青春期男女生交往一定会影响学习。

很多家长担心孩子一旦开始与异性交往，便会消耗大量的精力，从而导致孩子学习成绩下滑。

出坑指南： 交往初期孩子们会比较投入，挤占一些学习时间恐怕是在所难免的。但我们也要意识到这是孩子平衡学习与生活、提高时间管理能力的良好契机，所以家长没必要直接阻止和反对。一般来讲，孩子们在交往过程中都很愿意表现自己正向的一面。家长如果能在这一过程中与孩子保持沟通，引导孩子努力提升自己（包括学习），往往可以事半功倍。

入坑姿势2： 青春期男女交往很容易发生性行为，彻底毁掉孩子的一生。

出坑指南： 事实上，青春期男女生的交往并不是导致"性行为"发生的主要原因。过早发生性行为的孩子大多是因为原生家庭中家长对孩子缺少关爱和尊重，缺乏正确的性教育，或者是家庭中成人的性观念过于开放或性行为过于随意，孩子由观察进而模仿导致的。

孩子进入青春期后，无论是否在与异性交往，我们都需要与孩子探讨"爱情"与"性"，这是青春期家庭性教育中重要的一课。我们要告诉孩子，表达爱的方式有很多种，人们在情感发展的不同阶段，有不同的表达方式。同样，在不同年龄阶段，我们也要选择适宜的表达方法。性行为是两个人的情感非常成熟时才能运用的一种表达方式，能不能与对方发生性行为的关键是看你有没有能力对自己的行为负责。比如，性行为可能会带来怀孕、性病传播以及分手后更大的心理创伤等后果。发生过性行为后"分手"造成的心理创伤常常比没有发生过性行为时大很多。

堵不如疏，一味地担心和阻止是没有用的，关键是教给孩子对自己负责的生活态度。以荷兰为代表的欧洲性教育在青少年能不能发生性关系问题上的理念很明确。他们不关注青少年是否发生了性行为，而是重点教育孩子要对自己和他人负责任。调查显示，荷兰青少年首次性行为年龄比多数国家晚，平均年龄为17.7岁。荷兰性教育的成功在于青少年没有因为父母不阻止他们就随便发生性关系，而是花更多的时间思考自己的决定。

【迷你案例1】

初二女生小萱最近和班上的男生小涛开始交往。在学校时，两人只要找到机会就在一起说话或者做作业。放学后，小涛必定送小萱到楼下，晚上两人还在QQ上聊到很晚。很快，小萱妈妈在翻看女儿的手机时发现了这件事。看到聊天记录中一些露骨的表达，妈妈痛心疾首，不明白自己精心保护和培养的女儿怎么会做出如此"出格"的事。妈妈立即决定没收女儿的手机，每天上下学接送，希望可以阻止女儿继续与小涛交往。没想到，小萱趁爸爸妈妈不注意，把手机偷偷拿走，晚上和小涛在网上聊到半夜。妈妈发现后情绪失控，第一次动手打了小萱，而一向乖巧懂事的小萱居然倔强地对妈妈说："你打死我，我也不会分手！"

小萱和小涛的交往还处于比较早期的阶段，小萱妈妈简单粗暴的干预方式让处于青春期、独立意识膨胀的小萱无法接受，以致走到了妈妈的对立面。小萱在这个阶段渴望体验亲密关系是符合身心发展需要的，母亲需要首先用尊重和接纳的态度让小萱感受到父母的爱和关心。好的亲子关系是青春期孩子愿意接受父母。妈妈若能站在孩子身边，尊重她的情感，同时提醒孩子如何做出有利于长远利益的决定，孩子会更容易放下戒备。被父母尊重和接纳的孩子总是更有价值感，在交往中也会更懂得珍爱自己和珍惜自己的未来。

值得注意的是，一些非常听话的孩子在青春期接受了父母对男女生交往过度灾难化的价值观，成年后也很难发展出健康的亲密关系。

【迷你案例2】

妈妈发现上六年级的儿子小凡最近常常发呆，于是询问儿子有什么烦心事。

小凡："隔壁班有位女生给我一张纸条，说喜欢我，还打听到了我的生日时间，昨天给我送了礼物。这个礼物我能不能收呢？"

妈妈："我儿子这么优秀，当然会有人欣赏啊。如果你也愿意跟她做朋友，那就告诉她。礼物只要不是太过贵重也可以收，下次找机会你也回送一个，妈妈陪你一起去挑选。"

小凡："班上有好几个男生都有女朋友了，我还没有呢，你说她能不能做我的女朋友？"

妈妈："同学们都在做的事儿就是对的吗？"

青春期的孩子在处理与异性的情感问题时，常常希望听到别人的看法。如果亲子关系维护得当，孩子有问题的时候会向家长询问，家长便有机会去帮助孩子。小凡的妈妈不带偏见、启发性地引导帮助孩子确认了自己的价值，并有动力去思考"同学们都在做的事"究竟是否正确、是否有意义。对青春期的孩子来讲，这种做法远比一味地说教和灌输成人的想法有效得多。

【推荐影视作品】

《初恋那件小事》和《小曼哈顿》——家长和孩子都可观看

PART 5 同性恋

同性恋在当今社会逐渐成为一个难以回避的话题,青少年更是对此充满好奇。调查显示,在与性相关的话题中,同性恋是青少年最关注的三大话题之一。

在青春期早期,很多孩子会经历微妙的心理发展时期——同性密友期。在这个时期,孩子只喜欢同性,总是愿意与同性黏在一起。他们对异性比较排斥,甚至有点反感。有些孩子会怀疑自己是"同性恋"。家长需要帮助孩子认识到这是青春期心理发展的一个正常心理阶段,跟同性恋没有关系。

有一些青少年会错误地认为,同性恋意味着"平权""真爱"。这种思想对于世界观还未形成、个人价值观不稳定的青少年来讲是危险的,可能导致一些孩子从好奇、探索,发展到尝试同性性行为,最终身心受伤。所以,当孩子流露出自己有同性性取向时,家长要帮助孩子分辨这个选择背后的原因,例如受到某些思想的影响或他人诱惑,单纯的排斥异性,来自原生家庭的创伤……只有找到根源,才能帮助孩子做正确、安全的选择。

如果孩子认定自己是同性取向者,建议家长要保持好与孩子的关系,切勿强迫孩子或用切断亲子关系来恐吓孩子,要让孩子坚信父母的爱一直都在,父母会陪伴他们,直到他们有能力为自己做决定,并有能力为此负责。

孩子如果对同性恋产生严重的负面看法,要允许孩子充分表达,听听孩子话中合理的部分和不合理的部分,接纳孩子的情绪,可尝试用客观、尊重的态度影响孩子。教导孩子在坚持自己价值观的同时,尊重每一个不同的个体,不蔑视不羞辱同性恋者,接纳拥有不同价值观的人。

性教育路上的那些坑,你避开了吗?

入坑姿势:当看到新闻、影视作品中出现同性恋时,表现出鄙视或强烈的反对态度;当听说孩子对某个同性产生兴趣的时候,用批评、恐吓、羞辱等方式禁止孩子与其相处。

出坑指南:放下过度的担心,我们要清楚青春期的同性交往和同性取向有巨大的差别。当青春期的孩子对身边的同性产生好感的时候,先普遍化这种好感,让孩子明白青春期会有"同性密友期"阶段。该阶段的女孩子更愿意和女孩子交往,男孩子更愿意和男孩子一起玩,这不能被定义为"同性恋"。只有当一个人处于对同性的依恋深刻且稳定,而对异性完全无法产生兴趣和性冲动的状态,且这种状态一直持续到18岁之后,并且已经真的发生同性性行为后，才可以被界定为同性取向者。

当孩子表现出对同性情侣的好奇时，告诉孩子古今中外人类历史中都出现过同样的现象，这和每个个体所处环境、所受教育以及个人性格气质等有关。我们要知道，无论个体如何选择，每个生命个体都是值得被尊重的。

【迷你案例】

13岁的小月看了几本耽美小说后，对同性关系产生了兴趣，且认为自己对男孩子一点都不感兴趣，只要跟女孩子在一起，还认为只有同性之间的爱情才是真正的爱情。妈妈非常担心，立刻禁止孩子看此类小说，告诉女儿"同性恋就是不要脸"。

青春期的孩子处在对自我的探索中，情感的投注对象尚不稳定，家长不必为此恐慌，此时家长应该帮助孩子分辨文学作品或媒体知识背后的陷阱，为孩子提供健康正确的性教育渠道，帮助孩子了解不同的行为背后的原因，与孩子讨论不同选择所带来的后果，帮助孩子建立身体界限。

PART 6 防性侵

最高人民检察院公布的数据显示，2017~2019年，全国法院起诉性侵未成年人案件高达43386起。专家表示，此类案件的隐案比达1:7。这些被起诉的案件只是冰山一角。同样值得注意的是，性侵有可能发生在任何地方。任何职业、年龄和身份的人都有可能成为加害人。因此，我们不可以貌取人，无论他（她）的职业多么高尚、体面，无论他（她）是一个看似稚嫩的未成年人还是一位慈祥年迈的老者，都可能成为加害人。数据显示，儿童性侵案70%以上是熟人作案。

性侵害会给孩子造成不同程度的身体和心理创伤，如果不能得到及时、有效的治疗，将会给孩子造成无法弥补的创伤。因此，每个成年人都有责任保护孩子避免受到性侵犯的伤害。

性教育路上的那些坑，你避开了吗？

入坑姿势1：儿童性侵犯只是少数极端事件，且受害人都是女孩。因此，不必跟孩子讨论与此相关的事情，对男孩更没有做防性侵教育的必要。

出坑指南：一项针对中国6个省市的6所普通高校的两千多名大学生的调查显示，24.8%的女生和17.6%的男生表示在16岁之前遭遇过性侵犯。研究显示：儿童性侵犯普遍存在的事实远远超出人们的想象。现实生活中大多数案件中的受侵犯人没有报警，因为缺乏明显受侵体征，难以被识别。

尽管在性侵案中女孩的受伤比例高于男孩，但是男孩也同样有遭受性侵犯的风险。由于男孩受到性侵的后果不如女孩那么显性，加之社会要求男孩坚强、忍耐，因此，男孩被性侵的案件变得更不容易被发现。事实上，无论男孩还是女孩都应该接受防性侵教育。4岁以上的孩子就应该了解隐私部位的概念：男孩的隐私部位包括两腿之间（阴茎、阴囊）和屁股，女孩的隐私部位包括乳房、两腿之间（外阴、阴道）和屁股。隐私部位不可以让别人随意谈论、观看或者触碰。

入坑姿势2： 没有身体接触就不是性侵犯。

出坑指南： 性侵表现为多种形式，身体接触性的侵犯通常是比较严重的，极有可能构成违法犯罪行为。非身体接触性的侵犯行为是指在儿童面前暴露生殖器，或者迫使儿童暴露隐私部位、观看儿童的隐私部位、让儿童观看别人的隐私部位、用猥亵的语言进行性挑逗等。虽然没有直接接触到儿童身体，但也会对儿童产生不利影响，这些行为同样属于对儿童的性侵犯行为。

父母应当教会孩子识别性侵犯行为：如果有人想谈论、观看或者触碰你的隐私部位，或者让你谈论、观看或者触碰别人的隐私部位，这些就是性侵犯行为。

帮助孩子建立身体界限，告诉孩子在与别人交往时，需要保持一定的身体距离。只要你觉得不安全、不舒服，即使别人没有触碰到你的隐私部位，你依然可以拒绝或离开。

入坑姿势3： 孩子一旦被性侵，一生就毁了。抱有这种想法的家长往往在案发后情绪失控，长期对孩子表现出过度同情。

出坑指南： 性侵对孩子而言固然是极大的伤害，但是只要治疗及时、得当，父母愿意支持孩子，孩子也是可以从伤痛中走出来并健康成长的。

首先，我们在防性侵教育中应该告诉孩子，无论发生什么事情，爸爸妈妈会永远爱你。如果遇到了性侵犯，那不是你的错。你一定要第一时间告诉爸爸妈妈，爸爸妈妈一定会相信你、帮助你。

其次，如果性侵真的发生了，父母要及时带孩子就医，检查身体（包括病毒检测、检查已经发育的女生是否怀孕等），保留好证据。除了身体上的检查与创伤医治外，心理上的评估和治疗也同样重要。父母和孩子都需要从羞耻感中走出来。孩子心灵受伤害的程度不仅仅取决于孩子受到了怎样的对待，更取决于周围人对孩子经历的看法。家长需要在内心接受这不是孩子的错，孩子只是受害者的事实，给予孩子适度的补救和呵护之后，他（她）会和其他孩子一样健康成长。

【迷你案例1】

初一女孩小琦通过网络认识了同一城市的成

年男性李某。在聊天中，李某用发红包等方式诱导小琦发送了不少隐私照片给他。之后，他就以公布这些照片为要挟，逼迫小琦与他见面并发生了性关系。多次之后，小琦怀孕了，小琦将此事告知妈妈后，妈妈带小琦做了人工流产，但最终小琦还是无法走出阴影，用自杀的方式结束了自己年仅14岁的花样生命。

性侵犯不仅仅发生在现实生活中，在互联网这个虚拟空间里，青少年同样可能会受到各种诱惑，成为犯罪分子的施暴对象。因此，如何在网上保护自己的隐私是性安全教育的重要环节。比如，告诉孩子如果有网友约你线下单独见面，要立即关闭对话框，必要的时候可以寻求爸爸妈妈的帮助。如果有人要求你给对方发送隐私部位的照片，一定要保留截图，拉黑对方，并向离你最近的公安机关举报。

即使孩子已经犯下了一些错误，如发送裸照给对方，跟对方发生过性关系甚至怀孕等，父母也要控制自己的情绪，坚定地站在孩子的一边，先保护再教育。

【迷你案例2】

初一女生小晨听完防性侵犯课后，非常自责。原因是在她十岁的时候，因为想玩叔叔的手机，同意他摸自己的下体。

我国刑法规定的性同意年龄为14岁，所以即便女孩"同意"叔叔摸自己，叔叔的行为依然触犯了法律，构成猥亵罪。

【推荐影视作品】

《熔炉》——建议父母观看

《素媛》——建议父母观看

防性侵

PART 7 色情品

在我国，制作和传播色情品是违法的，未成年人观看色情品将对他们的身心发育造成负面的影响。然而，信息时代，色情品的流通防不胜防。一部分孩子在青春期之前就接触到了色情品。防范意识不足的孩子们甚至可能成为网络色情犯罪者瞄准的对象。

很多父母开始意识到问题的严重性，在电子产品上设置了防护模式。另一种更加有效的防护方式是尽早对孩子进行科学合理且符合孩子年龄特征的性教育，满足孩子对性的好奇，解答他们的疑惑，为他们提供安全、包容的环境和了解性知识的科学途径。

性教育路上的那些坑，你避开了吗？

入坑姿势1： 父母觉得孩子还小，不会对色情内容感兴趣，这些教育反而会诱发孩子的"性趣"。

出坑指南： 网络色情信息总是不经意间弹到孩子的眼前。孩子第一次看到色情内容会感到好奇，而且青春期孩子身体已经发育，色情画面会刺激孩子大脑分泌多巴胺，刺激孩子的性欲。孩子感到性兴奋之后可能会控制不住自己并上网寻找新的色情品。所以，性教育必不可少。

家长需要告诉孩子：第一，色情图片让人好奇、激动，但这些影像是在刻意营造的灯光、角度下拍摄的，并且加上了强大的后期制作。这些图片与真实的人体、真实的人类性行为是有差异的。第二，偶尔看到这些图片并不是你的错，但是如果你相信那是真的，你就输了。花大量时间来搜集和观看这些资料对自己没有任何好处，只会让你心绪波动，无法专注于生活中更重要的东西，甚至很多青少年的性犯罪都与此有关。第三，引导孩子思考一下："为什么这些人愿意裸露自己并把自己最私密的行为展示出来？他们是为了经济利益？还是被人偷拍了？"相信孩子对这些问题的思考会引导他们做出正确的选择。

入坑姿势2： 这些内容我当年也看过一些，还不是健康长大了。所以应该把这个问题交给时间去解决，无须教育。

出坑指南： 父母需要意识到时代不同了，现在的色情内容往往充斥着性暴力、性歧视，妨碍孩子树立健康的性观念。对于没有接受过科学、全面的性教育的青少年来说，他们很可能会沉浸其中，无法理解他人的感受，甚至因模仿色情电影中的行为而犯罪。比如，一些男孩看了色情电影后，相信女生都渴望被摸，甚至渴望被强暴，因此对女生进行性骚扰，甚至更严重的性侵。

色情品

色情电影还有可能向孩子兜售各种产品，如不安全的自慰用具，诱导孩子以不正确方式进行自慰，危害孩子的健康。

入坑姿势3： 一旦孩子接触了网络色情，就无可救药。因此，一旦发现孩子观看了色情品，就立刻大发雷霆，甚至大打出手。

出坑指南： 父母需要知道每个孩子都可能会对性抱有好奇心，这是其身心发展的自然规律。因此，不急于对孩子进行道德评判。通常孩子第一次看到这些内容的时候，虽然充满好奇，但也会产生羞耻感。父母言辞激烈地批评可能会抵消孩子的自责情绪，使孩子反而产生"骂都骂了，不看白不看"的感觉。当然，父母的批评也可能加重一部分孩子内心的罪恶感，觉得自己是肮脏堕落、下流无耻的，导致孩子内心的自我攻击，甚至身体上的自我伤害。

【迷你案例】

六（1）班学生的QQ群里炸开了锅，因为小强在群里发布了色情图片。男生们在群里煽风点火，女生小青在群里骂小强耍流氓。家长们很快就发现了这个秘密，互相转告，纷纷没收了孩子的手机。

其实，这是一个开展与网络相关的青少年性安全教育和普法教育的好机会，让孩子明白色情品所表达的内容不是真实的，观看它对身心有很大的害处；它们的出现不是偶然的，就像那些弹窗广告背后的推手是巨大的商业利益。它们的目的是提高点击率，诱惑没有辨别能力的人加入，给犯罪团伙带来更多利益。在这里，我们还要告诉孩子传播色情品是违法行为，会受到法律的制裁。

色情品

PART 8 网瘾

随着科技的飞速发展,网络已经成为我们生活中必不可少的元素。当代青少年可以称得上是"网络原住民",他们更早接触网络,更习惯从网络上获取需要的知识。同时也有一批青少年深陷网络游戏和网络社交平台的泥潭,难以自拔。据粗略统计,在中国,每7个青春期孩子中就有1个网络成瘾者。目前,这类孩子的总人数已经达到4000万,他们因为网络成瘾而不能正常学习、社交,身心健康受到严重伤害。更重要的是,网瘾会影响青少年正在发育的大脑,弱化其前额叶的功能,会让孩子的专注力和情绪控制力下降。处理青少年网瘾问题迫在眉睫。

为什么青春期的孩子容易沉迷网络?成功的网络游戏和社交平台都经过特殊的设计,力求在最短的时间内满足使用者的三大心理需求:忘忧增趣、成就归属、解禁欲望。青春期的孩子们面临着巨大的学业压力,情绪波动较大,容易与父母产生矛盾,找不到归属感和成就感。网络无疑变成了他们逃避学习和生活的压力、找寻成就感、释放欲望的地方。网络成瘾也被一些专家称为新型青少年抑郁症。青春期的孩子身心经历着巨大变化,面对强大的压力，没有合适、多元的渠道释放，强烈的情感需求得不到满足，也是青少年网络成瘾的一大原因。同时，网络游戏中的暴力、色情、性暗示会强烈刺激并吸引青春期的孩子。

根据青少年的生长发育特点，以下几类孩子容易出现网络成瘾的问题：

1. 被父母忽略的孩子。 比如父母长期不在家，或者长期忽略孩子的情感需求，仅仅关注孩子的物质需求和外在表现。

2. 被高压掌控的孩子。 父母对孩子要求高，孩子很少得到父母的肯定和赞赏，常常被批评打击，觉得自己什么都做不好。

3. 缺乏现实生活中的伙伴关系的孩子。 一些孩子在现实生活中因为成绩或外貌等原因被同学排斥。

4. 缺少户外运动的孩子。 一些孩子无处释放压力，只能在网络中寻求刺激和解脱。

男生常常容易沉迷于游戏，而女生容易对网络社交上瘾。帮助孩子脱离网络，需要来自父母的爱，且关爱与管控相结合。

性教育路上的那些坑，你避开了吗？

入坑姿势： 家长知道沉迷网络的危害，于是制定苛刻的标准，如何使用网络和使用多久都由家长单方面说了算。

出坑指南： 青春期的孩子需要更多的成长空间，

父母要学会尊重孩子的感受。为了防止孩子沉迷网络，父母需要对孩子使用网络的行为进行一定的约束，但要注意方式方法，最好能与孩子一起商定上网的规则。如果孩子屡屡不能执行约定，父母应该与孩子认真地沟通，帮助孩子找到无法自律的原因。同时，建议父母也检查一下自己有没有网络使用过量的问题。

另外，建议每天花10分钟倾听孩子的心声。有效沟通可以增进亲子情感，减少孩子对网络的精神依赖。尽可能多地给孩子安排一些运动，运动和网络游戏一样，都可以刺激大脑产生多巴胺，增加运动时间能减少孩子对游戏的依赖。在不能减少游戏时间的情况下，尽量要求孩子不要只玩同一种游戏，也要避免玩线上组团游戏，告诉孩子在多种游戏中切换可以减少对大脑的伤害。如果孩子已经有网络成瘾的现象，要及时寻找专业帮助，评估孩子的网瘾程度，进行科学干预。

【迷你案例】

进入初二后，小星学习起来越来越吃力，考试成绩也每况愈下，父母在言语间不自觉地流露出失望，小星觉得很压抑。小星心里喜欢一个女生，也不敢去表白，怕对方嫌弃自己成绩差。最终他迷上了游戏，在虚拟世界中获得了自信和满足。但打完游戏后,小星又觉得很内疚,感到痛苦。父母指责小星玩物丧志,小星却越来越消沉,也越来越迷恋游戏。

小星在现实世界中的存在感和价值感较弱,内心的苦闷无处倾诉,最后选择在网络中释放压力。父母需要接纳孩子学习成绩不理想的状态,想办法帮助他在学习上一小步、一小步地前进,使孩子尝试体验学习的成就感和愉悦感。

同时,可以帮助孩子在课余时间发展一些可以发挥他长处的兴趣爱好,让孩子能够从中获得成就感和自信,让孩子有意愿从网络世界里走出来。

特殊家庭的性教育

通过前文的阅读，家长朋友们已经可以比较清楚地了解到，家庭性教育成功与否，主要取决于家庭亲子关系以及家长对性的态度。可能还有些家长会担心，如果自己的家庭比较特殊，如离异、非婚生子、单方父母离世、重组、领养等家庭，应该如何对孩子进行性教育呢？

家庭是否健全，与家庭是否能够给予孩子完善的性教育之间并无绝对的关联，就像家庭是否完整与孩子是否能够健康成长之间也没有绝对的关联。我们都很清楚，孩子的亲生（生物学）父母给了孩子基因，这是孩子生长发育的基础。但家长的心理功能才是为孩子提供养育资源，跟孩子建立亲子关系和促进孩子健康发展的关键因素。当孩子身边有成年人能够执行"父亲的功能"或"母亲的功能"时，无论孩子是否生活在自己的亲生父母身边，他（她）都有可能发展出完整的自我功能和社会功能，成为一个心理健康的人。反之，亲生父母不具备"父母功能"，即使孩子在他们身边生活，也很有可能身心不健全。

我们不妨来讨论一下**"母亲功能"**和**"父亲功能"**分别指什么。

母亲功能：保护、温暖、提供营养、理

解、帮助孩子与他人建立关系等。

父亲功能：保护、引领、建立规则、拓展孩子的视野、鼓励孩子参与竞争等。

当孩子身边没有人提供"母亲功能"时，孩子会变得没有安全感、冰冷、过度消瘦或者过度肥胖、无法理解他人、无法与他人建立一般的社交关系。当孩子身边没有人提供"父亲功能"时，孩子会变得没有安全感、没有方向感、规则意识差、呆在自己的世界不敢向外探索。

如果你的家庭是离异、非婚生子、单方父母离世、重组、领养家庭等所谓"特殊家庭"中的一种，不要担心，不要懊恼，比起表面上拥有一个不具备"父母功能"的育儿搭档，你至少可以为孩子主动选择合适的、可以执行"父母功能"的人来协助你。在开始选择之前，你可以评估一下自己作为家长，能够有效地提供给孩子"父母功能"中的哪些。不排除有些家长可以一个人把双亲功能都发挥得很好，如美国前总统奥巴马的妈妈。如果你评估自己没有那么强大的人格功能，那么你可以在生活中寻找能为孩子提供"父母功能"的人。最常见的是亲戚中的某些人，对单亲妈妈而言，这个人可以是孩子的外公、舅舅、朋友、同事或邻居等自己可信赖的亲人、朋友。对单亲爸爸而言，这个人可以是孩子的姑姑、奶奶、朋友、同事或邻居等自己可信赖的亲人、朋友。

【迷你案例】

小月的妈妈在她10岁的时候与丈夫离婚了，虽然小月从来没有从妈妈口中听说过这个消息，但随着时间的推移，敏感的小月也逐渐猜到了。妈妈总说"爸爸经常出差，不能回家"。某些同学的嘲笑和爷爷奶奶对小月的过度关心与同情，让小月不知不觉地也开始同情自己，越来越不自信。进入青春期后，有一位男生向小月表白，小月欣喜若狂，十分依赖这个男生，无论男生提什么要求，包括性的要求，小月都无条件地满足他。

小月的妈妈和家人虽然尽心尽力地呵护小月，但妈妈的刻意隐瞒和周围人的过度同情都在向小月暗示"离婚很丢人，离婚家庭的孩子非常可怜"。这种观念极易造成孩子自我价值低下。离异并不可怕，离异家庭的孩子也可以健康成长。比起善意的谎言，勇敢地告诉孩子父母分开的原因更能赢得孩子的理解，促进孩子的心智成长。如有可能，尽可能让孩子保持与父亲的联系，让孩子明白，来自父母双方的爱没有因为父母的离异而改变。同时也要告诉爷爷奶奶，对孩子表达过度的同情会带来哪些隐患，建议他们保持对孩子一如既往的态度。

推荐阅读——奥巴马的成长故事：

《奥巴马震撼人生 · 励志成长篇》

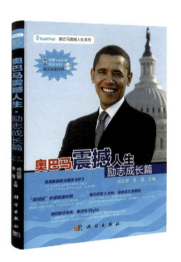

参考文献

【1】哈夫纳.从尿布到约会[M].王震宇,张婕,译.上海:上海社会科学院出版社,2018.

【2】詹森,波伊纳,福克斯.如何保护你的孩子远离网络色情:美国青少年性教育第一书[M].中青文,译.北京:中国青年出版社,2020.

【3】莫斯,莫塞斯.我的青春期:青少年心灵成长指南[M].王尧,译.北京:化学工业出版社,2018.

【4】李岩,江根源,赵凌.青少年网络暴力和色情:现状、机制与相关治理[M].杭州:浙江大学出版社,2017.

【5】胡萍.善解童贞4:孩子的爱情[M].南京:江苏凤凰科学技术出版社,2017.

【6】胡萍.善解童贞2:6~13岁孩子的性发展与性教育[M].南京:江苏凤凰科学技术出版社,2016.

【7】杨永霞.青少年网络成瘾原因及其对策分析[J].科学咨询,2020,08(32):210.

【8】斯坦伯格.与青春期和解:理解青少年思想行为的心理学指南[M].孙闰松,译.北京:人民邮电出版社,2019.

【9】西普.解码青春期[M].李峥嵘,胡晓宇,译.长沙:湖南教育出版社,2019.

【10】龙迪.学会保护自己 远离儿童性侵犯行动指南[M].北京:化学工业出版社,2020.

【11】龙迪.综合防治儿童性侵犯专业指南[M].北京:化学工业出版社,2017.

【12】方刚.家庭性教育16讲[M].北京:中国社会科学出版社,2018.

【13】白璐.和孩子谈谈性 0~12岁家庭性教育完全读本[M].北京:中国妇女出版社,2018.

【14】刘文利.珍爱生命:小学生性健康教育读本(全12册)[M].北京:北京师范大学出版社,2013.

【15】林玉冬,李珍生.中学生艾滋病健康教育方法探索及同伴教育干预[J].基层医学论坛,2017,21(17):2297-2298.

【16】杨梅琴.青春必知性——高中性教育校本教材开发[D].福州:福建师范大学,2017.

【17】薛美茹,胡选萍,何萍,等.青春期性教育在中学生物课堂中的渗透[J].西部素质教育,2018,4(3):82-84.

【18】李若铭.《男中学生青春期性教育》校本课程开发初探[D].临汾:山西师范大学,2018.

【19】刘盼盼·初中生物教学中青春期性教育的现状及有效策略[J].中学课程资源,2015(3):49,56.

【20】刘文利,元英.我国中小学性教育政策回顾(1984—2016)[J].教育与教学研究,2017,31(7):44-55.

【21】BIRKETT M,ESPELAGE D L,KOENIG B.LGB and Questioning Students in Schools:The Moderating Effects of Homophobic Bullying and School Climate on Negative Outcomes［J］.Journal of Youth and Adolescence, 2009,38(7):989-1000.

【22】王雁,林红,姚萍,等.生活技能教育对小学生课堂参与行为的影响[J].教育学报,2008(2):87-92.

【23】黄仙保.高中阶段开展全面性教育的实践与思考 [J].中小学心理健康教育,2020(13):31-34.

苏大出版天猫旗舰店

苏大出版微信公众号